초등학생의 진로와 직업 탐색을 위한
잡프러포즈 시리즈 01

프로파일러는 어때?

차례

CHAPTER 01 프로파일러 고준채의 프러포즈

☺ 프로파일러 고준채의 프러포즈 … 13

CHAPTER 02 프로파일러는 누구인가요?

☺ 범죄수사 '프로파일링'은 어떻게 시작됐을까? … 19
☺ '프로파일러'의 탄생 … 20
☺ 우리나라 최초의 프로파일러 … 21
☺ 프로파일러는 이런 일을 해요 … 22
☺ 범죄수사 프로파일링의 다양한 분야 … 28

CHAPTER 03 프로파일러가 되려면?

☺ 프로파일러에게 필요한 능력 … 37
☺ 뉴스, 신문, 책 많이 보기 … 39
☺ 가장 중요한 공부 "심리학" … 41
☺ 영어 실력으로 더 많은 수사 방법 배워요 … 42
☺ 프로파일러가 되는 방법 … 44

CHAPTER 04 프로파일러의 매력

- 사람들을 지키고 안전한 사회 만들기 … 49
- 사건 해결사가 되는 기쁨 … 50
- 범죄를 예방하는 프로파일러 … 51

CHAPTER 05 프로파일러의 하루

- 프로파일러의 하루 … 55

CHAPTER 06 프로파일러의 마음가짐

- 모르는 게 당연하죠! … 67
- 사건 현장에선 냉정한 관찰자로 변신 … 69
- 뻔뻔한 범죄자는 분노 유발자! 넘어가지 말아요! … 70
- 괴물과 싸우려면 자기 마음을 다스릴 줄 알아야 해요 … 71
- 끈질기게 기억하기도 해결의 힘 … 73

CHAPTER 07
프로파일러 고준채를 소개합니다

- 행복했던 어린 시절, 갑자기 찾아온 아버지의 죽음 … 81
- 학교폭력을 보면서 갖게 된 정의감 … 82
- 군사경찰에서 프로파일러가 되기로 결심 … 83
- 프로파일러를 포기하고 싶었던 순간! … 84
- 프로파일러가 할 수 있는 다른 일은? … 86

CHAPTER 08
10문 10답 Q&A

- Q1. 범죄가 일어난 횟수를 알 수 있나요? … 91
- Q2. 골든타임은 무엇인가요? … 92
- Q3. 디지털 수사방식에 대해 알려주세요 … 93
- Q4. 프로파일러의 월급은 얼마인가요? … 94
- Q5. 유명한 프로파일러가 있나요? … 95
- Q6. 외국 프로파일러가 더 앞서가나요? … 96
- Q7. 우리나라 프로파일러가 외국에서 활동한 일도 있나요? … 97
- Q8. 강력반 형사와 프로파일러는 어떻게 다른가요? … 100
- Q9. 범죄 심리학자와 프로파일러의 차이는 무엇인가요? … 101
- Q10. 〈셜록〉과 〈시그널〉 중 프로파일러의 현실과 가까운 것은 뭘까요? … 102

CHAPTER 09　프로파일러의 프로파일링

☺ 프로파일러의 프로파일링 … 105

CHAPTER 10　나도 프로파일러

☺ 나도 프로파일러 … 111

CHAPTER 11　심리 Test

☺ 심리 Test … 119

프로파일러 고준채의
프러포즈

안녕하세요? 프로파일러 고준채입니다. 프로파일러라는 직업은 드라마 〈시그널〉, 〈셜록〉을 통해 사람들에게 알려졌어요. 프로파일러에 대한 관심이 커지면서 인터넷에 프로파일러에 대한 정보도 많아졌죠. 사람들은 프로파일러를 드라마나 영화 속 주인공처럼 범죄 사건을 천재적인 능력으로 척척 해결하는 사람으로 생각하게 되었어요.

실제로 프로파일러 혼자서 범인을 잡지는 않아요. 프로파일러는 사건이 해결되지 못할 때 범인으로 의심되는 사람을 가려내서 수사관을 도와요. 그리고 진짜 범인을 잡아서 억울하게 누명을 쓰는 사람이 없도록 정의로운 사회를 만들죠. 범죄를 예방할 수도 있고요. 누구나 안심하고 살아갈 수 있는 사회를 만드는 의미 있고 보람이 큰 직업이에요. 프로파일러에 대해 궁금한 점이 많을 거예요. 이제부터 하나하나 해결해 줄게요. 프로파일러의 세계로 떠나볼까요?

2장에서는?

범죄수사 프로파일링은 어떻게 태어났는지, 프로파일러는 어떤 일을 하는지 간단히 소개합니다. 우리나라 최초의 프로파일러는 과연 어떤 분일까요?

범죄수사 '프로파일링'은 어떻게 시작됐을까?

　옛날에는 범죄를 저지르는 이유를 짐작하기가 쉬웠어요. 누군가에게 복수하기 위해서나, 돈이나 물건을 얻기 위해서가 많았죠. 일반 형사만으로도 충분히 범인을 잡을 수 있었어요. 그런데 특별한 이유 없이 사람을 해치는 연쇄살인 같은 새로운 사건이 생겨났어요. 범인을 잡기 위해 범인의 행동과 마음을 자세히 분석하는 새로운 수사 방법이 필요해진 거죠. 이게 바로 심리학을 이용한 범죄수사 프로파일링이에요.

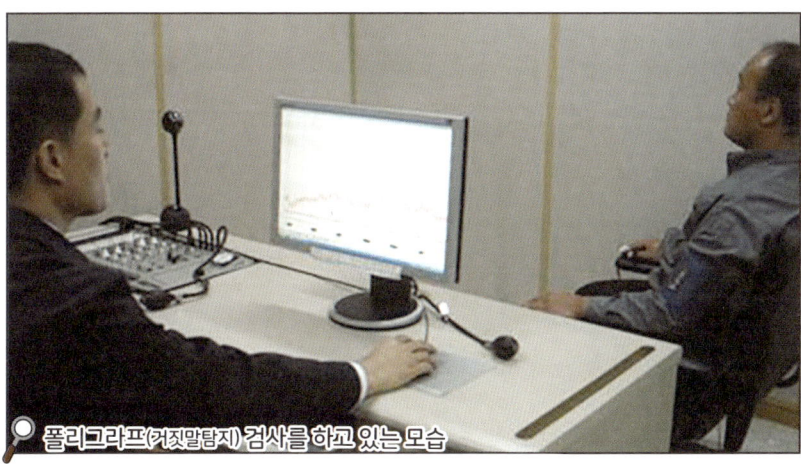
폴리그라프(거짓말탐지) 검사를 하고 있는 모습

'프로파일러'의 탄생

　프로파일러는 프로파일링 수사기법으로 범인의 특징을 알아내 사건 해결에 도움을 주는 사람이에요. 미국에서 처음 생겨난 직업이지요. 1956년 미국에서 연쇄 폭탄 폭발 사건이 일어났어요. 그때 정신의학자가 프로파일링으로 범인의 특징을 알아냈어요. 연쇄 폭파범이 보낸 협박 편지를 분석해서 범인이 정신적으로 문제가 있는 사람이라고 판단한 거예요. 이 사건 이후 미국에서 프로파일링 연구가 활발해졌어요.

　그보다 먼저 영국에서도 프로파일링으로 범인을 잡으려 시도한 적이 있어요. '잭 더 리퍼' 사건이라는 연쇄살인 사건이 일어났었거든요. 검시관(의사)이 프로파일링 방법으로 피해자들의 상처를 분석해 범인이 어떤 사람일지 예측했지요. 범인은 팔, 다리, 심장과 같은 신체 기관을 잘 알고 칼이나 톱 같은 날카로운 무기를 잘 다루는 사람이라고요. 프로파일링 수사가 아직 자리 잡기 전이어선지 아쉽게도 범인은 잡지 못했다고 해요.

우리나라 최초의 프로파일러

우리나라에서는 2000년부터 프로파일링 수사기법을 사용하기 시작했어요. 이때 과학수사팀에서 일했던 권일용 팀장님이 우리나라 최초의 프로파일러예요. 유영철 사건, 정남규 사건, 강호순 사건처럼 우리나라에서 아주 유명한 연쇄살인 사건을 모두 맡으셨던 대단한 분이시죠.

2004년 유영철을 잡은 후에는 프로파일러를 뽑기 시작했어요. 저도 이즈음에 뽑혔고요. 처음에는 프로파일러가 별로 인정을 못 받았어요. 형사들이 프로파일러를 무시했죠. 수사 경험이 없어서 범인을 잡는 데 도움이 되지 않을 거라 생각했거든요. 그렇지만 연쇄살인범을 잡고 나서 프로파일러를 보는 시선이 달라졌어요. 형사들에게 인정받고 신문과 방송을 통해 시민들에게도 알려졌어요.

프로파일러는 이런 일을 해요

　프로파일러는 경찰, 검찰과 같은 수사기관에 속해 있어요. 프로파일링 수사기법으로 형사와 같은 수사관이 범인을 잡도록 도움을 주는 수사팀의 심리전문가예요. 모든 사건에 프로파일러가 참여하는 건 아니에요. 서로 연결됐거나 범죄를 저지른 이유를 전혀 알 수 없는 사건에 형사가 프로파일링을 부탁해요. 그때부터 프로파일러가 일을 시작해요.

1. 자료를 분석해요.
　현장 증거, 범인으로 의심되는 사람의 정보, CCTV 자료, 통신 자료, 참고인 자료, 탐문 수사 자료 등을 분석해요.

2. 많은 정보 중에 무엇이 믿을 만한지 골라요.
　과학적으로 목격자의 이야기는 반만 믿을 수 있다고 해요. 그래서 목격자의 이야기와 증거가 얼마나 믿을 만한지 판단해야 해요. 목격자의 흐릿한 기억을 되살리기 위해 최면이 수사에 활용될 수 있어요.

3. 고른 자료를 분석해서 범인이 어떻게 범죄를 저질렀을지 행동을 알아내요.

4. 범인으로 의심되는 용의자가 사는 지역이 어디일지 알아내요.

용의자가 사는 지역을 알아낸 후 그 지역 안에서 예전에 비슷한 죄를 지어 벌을 받은 사람이 있는지 찾아봐요.

5. 프로파일링 보고서를 만들어 수사팀에 전달해요.

보고서에는 범인 특징, 사는 지역, 다음 사건이 일어날 만한 장소 등을 기록해요. 이에 더해 프로파일러가 판단한 수사 방향을 경찰에게 전달해요. 가장 먼저 수사해야 할 사람과 장소를 말해주는 거지요. 이를 받아들일지 마지막 선택은 형사가 해요.

6. 범인이 잡힌 후 프로파일러가 범죄에 관해 범인과 면담을 하기도 해요.

범인 중엔 아주 똑똑한 사람도 있어서, 면담 전에 어떻게 질문할지 미리 계획해 둬야 하죠.

프로파일러 고준채가 처음 맡은 <강호순 사건>

강호순 사건은 2006년 경기도 군포에서 시작해 수원, 화성, 안양에서 일어난 연쇄살인 사건이에요. 프로파일러들은 다양한 프로파일링 방법을 사용해 이 사건을 연쇄 사건이라고 판단했어요. 피해자들 사이에 공통점은 없었지만 사건이 일어난 지역에서 공통점을 발견했거든요. 사건이 모두 39번 국도가 지나는 곳에서 일어난 거예요.

처음에 형사들은 프로파일러를 믿지 못하겠다며 불만을 품었어요. 그래도 프로파일링 결과가 사건 해결에 사용되도록 프로파일러들은 수사팀을 설득했어요. 결국 형사들은 프로파일링 결과를 이용했고, 범인 강호순을 잡는 데 성공했어요.

범인이 누군지 모른다면?
현장에 있는 모든 정보와 도움이 되는 자료를 다 검토해요.
믿을만한 자료를 모아놓고 범인의 행동과 마음을 읽을 수 있게 돼요.
이게 바로 프로파일링이죠!

현장감식

과학수사의 시작은 현장에 있는 모든 증거를 꼼꼼하게 수집하는 것!

범죄수사 프로파일링의 다양한 분야

범죄자 프로파일링(=용의자 프로파일링)

1932년 미국에서 찰스 린드버그라는 아동 유괴 사건이 발생했어요. 정신의학자 더들리 셴펠드는 피해 아동이 유괴된 직후 살해되었고 범인은 혼자라고 예측했죠. 범인을 잡고 보니 정확히 일치했어요. 이 사건을 계기로 범죄자 프로파일링이 인정받기 시작했지요.

범죄자 프로파일링은 범죄 현장에 범죄자의 평소 습관이나 일상적인 행동 방식이 고스란히 반영되어 있다고 생각하고 범죄 현장을 분석해 범죄자의 유형을 밝히는 방식이에요. 이 정보에 따라 범죄자의 범위를 좁혀서 검거하는 거죠.

이 방식이 주목받기 시작한 건 1940년에서 1956년 사이에 발생한 매드 바머 사건을 통해서였어요. 1940년 콘솔리데이티드 에디슨이라는 미국 전기회사의 건물에서 작은 폭발이 있었어요. 이 사건을 시작으로

16년 동안 사람들이 많이 지나다니는 곳에서 폭발물이 터지는 사건이 일어났어요. 당시 정신의학자 제임스 A. 브뤼셀은 범인이 보낸 협박 편지, 범죄 현장 사진, 경찰이 제공한 정보 등을 가지고 범인의 특징을 분석했죠.

범인은 혼자다. 나이는 40~50대, 내성적인 성격의 남자, 다른 사람과 잘 어울리지 못하지만 그렇다고 사회에 반대하는 사람은 아님. 기계를 다루는 기술이 있으며 교활함. 기계를 다루는 기술에 자부심이 강함. 강박적 성향. 두 줄 단추가 달린 양복을 입고, 보통 단추를 모두 채우고 다닐 것임. 범행 이유는 아마도 직장에서의 해고나 질책일 것. 분노는 계속해서 커지고 있음. 현재 콘솔리데이티드 에디슨 회사에서 일하고 있거나 과거에 일했던 근로자임.

이 분석으로 경찰이 범인을 잡았어요. 예전에 콘솔리데이티드 에디슨에서 일했던 조지 메스키라는 사람이었는데 그는 회사에 큰 불만을 가지고 있었죠. 놀랍게도 체포 당시 조지 메스키는 프로파일링 내용대로 두 줄 단추가 달린 양복을 입고 단추를 모두 채운 상태였답니다.

사건 프로파일링(=연관성 프로파일링)

과거에 일어난 여러 사건을 분석해서 연관된 사건을 가려내는 프로파일링 기법이에요. 같은 사람이 저지른 범죄를 찾아내서 범죄자 특징을 발견하고 찾아내는 거죠. 용의자 프로파일링에서 발견한 범죄 특성과 범죄자 특징을 최대한 사용해 여러 사건 사이의 공통점과 연결된 부분을 분석하는 기법이에요.

지리적 프로파일링

범죄와 장소는 연결되어 있어요. 범죄가 자주 일어나는 장소를 알아내고, 공간통계기법으로 범죄 패턴을 분석하는 것을 지리적 프로파일링이라고 해요. 범죄가 일어난 장소의 자료를 모으면 살인사건이 많이 일어나는 장소, 절도사건이 많이 일어나는 장소 등을 알 수 있죠. 범죄가 발생하는 자료를 지도 위에 나타내서 어느 장소에서 범죄가 많고 적은지 한 눈에 보여주는 거예요.

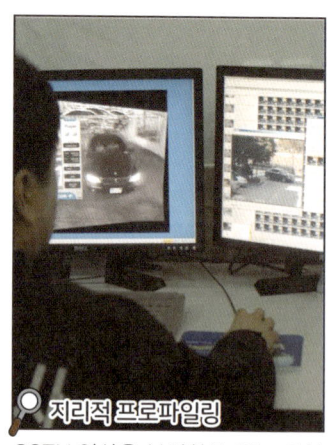

CCTV 영상을 분석하고 있는 과학수사요원

영화나 드라마에서 경찰이 사건이 일어난 장소를 지도 위에 표시해서

거리와 시간을 재는 장면을 자주 볼 수 있어요. 지리적 프로파일링으로 범인의 집을 찾거나 다음 범죄가 일어날 장소도 알아낼 수 있지요.

우리나라는 지오프로스(GeoPros, Geographic Profiling System)라는 한국형 범죄예측 시스템을 개발했어요. 그 지역에 사는 사람 수, CCTV 개수, 경찰서와의 거리 등을 분석해서 지도로 만든 거예요. 범죄가 일어나기 쉬운 장소가 어디인지 예측할 수 있어요. 그래서 범죄 예방을 할 수 있도록 환경을 개선하는 일도 하지요.

진술분석

이 기법은 주로 용의자가 한 말을 분석해 내용이 믿을 만한지, 사건 해결의 실마리가 있는지 판단하죠. 미국, 캐나다, 영국 등의 수사기관에서는 피의자 신문기법, 거짓말 탐지 검사에 많이 활용하고 있어요. 진술분석은 증거가 될 수는 없지만 용의자가 감추고 있는 게 있다면 무엇인지 추론해서 수사의 단서를 찾는 데 중요한 역할을 해요.

프로파일러가 살인사건 피의자를 대상으로 심리검사를 실시하고 있다.

프로파일링 방법은 지금도 연구가 활발하게 이루어져서 이것 말고도 여러 분야가 있어요. 여기서는 실제로 프로파일러가 많이 사용하는 수사기법을 알아봤어요. 외국은 수사기법에 따라 담당자가 다르지만 우리는 외국처럼 구분해서 일하지는 않아요. 한 가지 사건을 분석하면서 여러 가지 이론과 방법을 적용해 보죠. 사건에 따라 다른 기법을 사용하고, 모인 인원에 따라 각자의 역할을 나눠서 하고 있어요.

프로파일링 방법이 발전하면
범인만 잘 잡을 수 있는 게 아니에요.
범인들의 행동을 관찰해서
범죄를 예측하고 예방할 수도 있게 되었답니다~

3장에서는?

프로파일러가 되려면 어떻게 해야 할까요? 프로파일러에게 필요한 능력은 무엇인지, 어떤 공부를 해야 프로파일러가 될 수 있는지 소개합니다.

프로파일러에게 필요한 능력

1. '정의로운 마음'이 가장 중요해요.

프로파일러는 무적이 아니에요. 어려운 사건을 해결하다 보면 포기하고 싶을 때도 있어요. 그럴 때마다 범죄를 저지른 사람을 잡아 반드시 벌을 받게 하겠다는 정의감이 포기하지 않게 만들어요.

2. '비판적으로 생각' 할 수 있어야 해요.

어떤 일이 일어났을 때 의심할 만한 점이 없는지 분석하고 사건 사이에서 규칙을 발견하는 거죠.

3. '항상 객관적으로' 사건과 관련된 정보를 다루어야 해요.

편견이나 개인적 감정은 피해야 해요. 예를 들어 '가족은 범인이 아니겠지'라는 짐작으로 가족을 용의자에서 빼면 안 돼요.

4. '모든 가능성을 열어놓고' 생각하고, 그 무엇도 가볍게 예측하면 안 돼요.

5. '범인 입장에서' 생각할 수 있어야 해요.

범죄를 저지른 이유를 찾으려면 범인이 어떤 마음으로 사건을 저질렀는지 알아야 하죠. 어떤 무기를 가지고, 어떤 순서로 일을 벌였는지 알아내야 해요.

뉴스, 신문, 책 많이 보기

뉴스도 보고 신문도 매일 읽어서 우리 사회에서 무슨 일이 일어나고 있는지 관심을 가져요. 사회 현상을 자세히 들여다보면 사람들이 어떤 행동을 하는 이유를 분석하는 능력을 키울 수 있어요. 프로파일러에게 필요한 심리학이나 사회학 공부를 할 때도 도움이 돼요.

국어, 수학, 영어와 같은 학교 공부도 중요하지만, 다양한 책을 읽으면 좋아요. 범인을 이해하는 데 도움이 되거든요. 책의 인물을 통해 사람마다 다른 마음과 행동을 확인할 수 있으니까요. 예를 들어 소설책을 읽으며 이 사람은 이 상황에서 어떤 마음일까, 왜 이런 행동을 했을까 생각하는 거예요. 그러면 사람의 마음을 이해하는 능력을 키울 수 있어요.

"뉴스, 신문을 매일 읽어서
사회에서 무슨 일이 일어나고 있는지
관심을 가지면 좋아요."

가장 중요한 공부 "심리학"

　프로파일러를 꿈꾼다면 대학교에 갈 때 심리학과를 선택하라고 추천하고 싶어요. 심리학은 사람의 행동과 마음을 과학적으로 연구하는 학문이에요. 사람들이 어떤 마음을 가지고 행동하는지 공부하는 거죠. 범인의 마음을 잘 이해하려면 심리학적 지식이 꼭 필요해요. 심리학과가 있는 대학교는 많지 않으니 공부도 제법 잘해야겠지요? 만약 대학에서 심리학을 공부하지 못했다면, 대학원에서 공부할 수도 있어요.

　범죄심리학도 도움이 돼요. 범죄심리학에서는 왜 범인이 범죄를 저지르는지, 어떻게 범인의 행동과 마음을 좋은 방향으로 바꿀 수 있을지 배울 수 있어요. 사회학도 중요해요. 사회학은 사회에서 일어나는 일을 분석하는 학문이에요. 어떤 사회에 범죄가 자주 일어나는지 공부할 수 있어요. 최근 통계학도 중요해졌어요. 범죄와 관련된 통계 자료가 사건을 해결하는 데 큰 도움이 되거든요. 통계는 우리 생활의 여러 현상을 한눈에 알아보기 쉽게 숫자로 보여줘요. 예를 들어 일기예보는 날씨에 관련한 많은 자료를 분석한 통계 결과로 '오늘 비 올 확률'을 알려주죠.

영어 실력으로 더 많은 수사 방법 배워요

프로파일러가 처음 생긴 나라는 미국이에요. 그래서 프로파일링 수사 방법은 미국이 앞서 있어요. 프로파일링 실력을 키우기 위해서는 유학을 하거나 영어로 쓰인 책을 많이 읽어야 해요. 또 어떤 사건이 발생했을 때 외국에서 일어난 비슷한 사건은 없나 하고 자료를 찾아볼 때도 있고요. 아무래도 우리보다 이론이 발달했고 다양한 사건들이 있으니까 찾아보게 되더라고요. 모든 자료가 한국어로 번역되어 있다면 좋겠지만 아직은 그렇지 못해요. 그러니까 영어를 잘 하면 당연히 큰 도움이 되겠지요? 저도 영어 공부를 열심히 못 한 게 아쉬워요.

영국 과학수사 장비 개발자

UN몽골경찰

UN인도네시아 경찰

프로파일러가 되는 방법

　프로파일러가 되는 방법은 크게 두 가지예요. 첫 번째는 프로파일러를 뽑는 시험에 통과하는 거예요. 대학에서 심리학, 사회학, 범죄학을 공부해야 시험을 볼 수 있어요. 그리 많이 뽑지는 않아서, 2017년 5명, 2021년에 8명을 채용했어요.

　두 번째는 비슷한 일을 하다가 옮기는 거죠. 먼저 경찰이 되어야 해요. 경찰 시험에 합격하거나 경찰대학교를 졸업해야 해요. 이후 강력반에서 일하다가 수사연수원의 프로파일러 전문 교육을 받으면 프로파일러가 될 수 있어요.

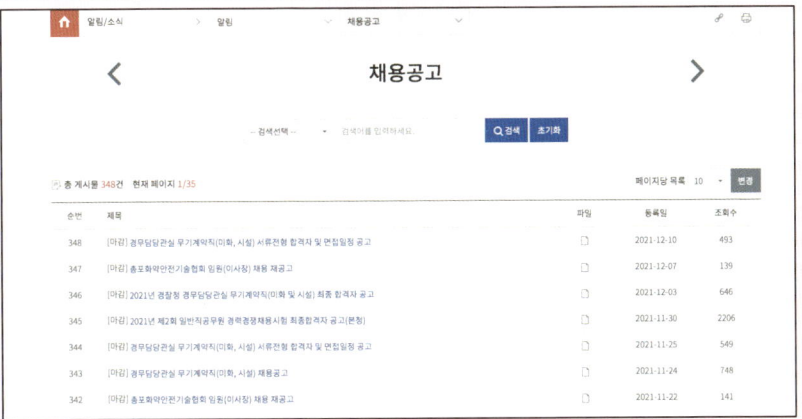

프로파일러가 되는 방법은 크게 두 가지예요.

4장에서는?

프로파일러는 매력 있는 직업이에요. 범죄를 예방하고 사람들을 지켜 우리가 사는 사회를 더 안전하게 만들지요. 사건해결사가 된다는 기쁨도 있어요!

사람들을 지키고 안전한 사회 만들기

프로파일러가 맡는 사건은 해결하기 어려운 사건이 많아요. 사건 피해자와 슬픔에 빠진 가족을 위해 범인을 반드시 잡아야겠다는 생각이 들어요. '이분들이 더는 슬퍼하지 않았으면 좋겠다.' 하면서요. '이분들을 위한 일이구나' 생각이 들 때 가장 큰 보람을 느껴요. 수많은 사람을 지키는 일이라고 생각하면 뿌듯하죠.

사건 해결사가 되는 기쁨

  과거에 발생하지 않았던 끔찍한 사건들이 요즘 많이 일어나요. 모르는 사람을 다치게 하거나 사람이 많이 가는 장소에 불을 지르는 일도 있지요. 왜 이런 일을 저지르는지 설명할 수 없어요. 그래서 범인을 잡는 게 더 어려워지는 거죠.

  프로파일러는 이런 범죄가 일어나면 현장에 남겨진 단서들을 통해 범인을 찾아요. 퍼즐을 맞추듯이 하나하나 단서를 찾아내서 사건이 일어난 과정을 밝히고 범인을 잡으면 무척 기쁘죠. 제가 프로파일링을 해서 범인을 잡았다고 함께 수사했던 형사가 고마워했을 때 보람도 느끼고요. 이렇게 사건을 해결하는 데 중요한 역할을 해서 결과 보고서를 쓰고 수사본부에서 인정받으면 성취감이 있답니다.

범죄를 예방하는 프로파일러

지리적 프로파일링 시스템을 이용하면 어디에서 범죄가 자주 일어났는지 알 수 있어요. 몇 년 전 자료부터 최근 자료까지 분석해서 언제, 어디에서 어떤 범죄가 일어날지 미리 알아내는 거죠. 일기예보처럼 말이에요.

요즘에는 셉테드(CPTED, Crime Prevention Through Environmental Design) 방법을 사용해 범죄를 예방하기 위한 환경을 만들고 있어요. 예를 들어 가로등이나 CCTV를 설치하는 거예요. 어두운 곳이 밝아지면 범죄를 저지르기 어려워지죠. CCTV가 있는 곳에서는 촬영이 되니까 범죄가 잘 일어나지 않아요.

프로파일링 수사기법으로 범죄를 예측하고 미리 막을 수 있을 때 자부심을 느껴요.

끊어진 전기줄에서 화재원인을 찾는 과학수사요원

혈흔 형태분석

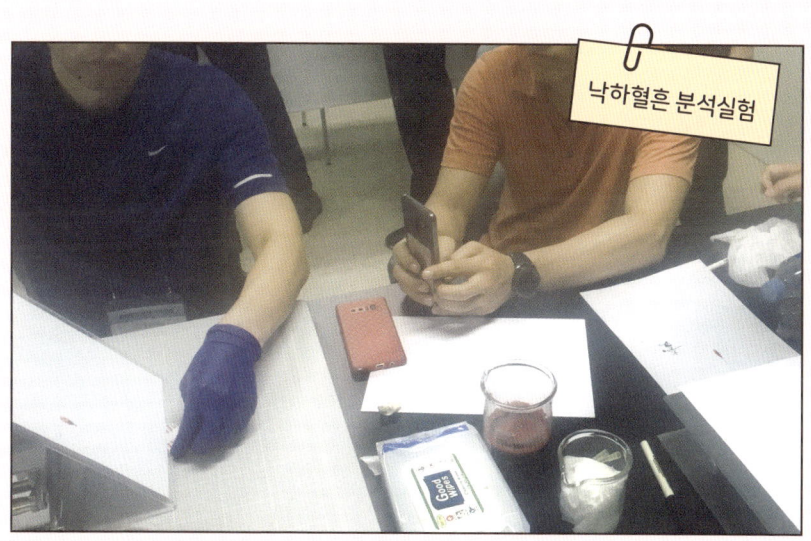
낙하혈흔 분석실험

아침 8시
오늘의 할 일 계획

출근해서 책상에 앉았어요. 경찰청에서는 하루를 조금 일찍 시작해요. 가장 먼저 하는 일은 밤사이에 일어난 사건 사고를 하나씩 살펴보는 거예요. 여러 사건 중에서 프로파일러의 도움이 필요한 사건을 가려내서 계획을 세우죠.

오늘은 오전에 ○○경찰서로 가서 범인 인터뷰를 해야겠어요. 며칠 전에 잡혀서 수사를 받았는데 어제 범행한 사실을 인정했다는군요. 특별한 사건의 범인만 인터뷰하는 건 아니에요. 프로파일러 일에는 범인에 관한 기록을 남기는 것도 포함되어 있어요.

프로파일러가 참여하지 않은 사건도 범인이 왜 범행을 저질렀는지, 저지른 후에는 어떤 행동을 했는지 알아보고 기록하지요. 나중에 비슷한 사건이 났을 때 해결에 도움이 되거든요. 그리고 별일이 없다면 범죄분석 보고서를 작성하고 과학수사 방법에 관한 연구 자료도 찾아볼 거예요.

아침 11시

범인과의 인터뷰

○○경찰서로 이동해서 범인과 마주 앉았어요. 형사가 막 범인의 수사를 마친 참이라 아무 말도 안 하고 긴장하고 있어요. 이럴 때는 대답하기 쉬운 질문부터 해서 말문을 트이게 해요. '직업은 뭐예요?', '좋아하는 일은 있어요?' 같은 질문이죠.

범인이 긴장을 풀면 어린 시절은 어땠는지, 부모님은 어떤 분인지, 청소년기에는 어떻게 지냈는지 이야기를 나눠요. 또 친구나 애인, 직장동료와의 관계도 어땠는지 물어봐요. 범행과 관련 없는 것 같지만 범인이 어떤 사람인지 헤아리는 단서가 되거든요.

이야기를 나누다 보면 어느 순간 범인의 마음이 열리는 걸 느껴요. 바로 그때, 범죄를 저지른 이유나 범행 당시 마음을 물어보지요. 범행 얘기를 할 때는 범인을 자세히 관찰해야 해요. 작은 몸짓과 표정 변화, 말투나 목소리 떨림도 놓치지 않도록 주의를 기울여요. 범인들은 자기 마음을 숨기려고 해서 작은 것도 모두 진실을 알아내는 중요한 단서가 되거든요.

낮 3시

현장 감식팀과 함께 사건 현장에 왔어요. 점심을 먹던 중에 사건이 일어났다는 연락을 받았거든요. 바로 현장으로 달려왔지요. 사건 현장을 제일 먼저 살펴야 하는 사람이 프로파일러니까 최대한 빨리 와야 해요.

차에서 내리자마자 하는 일은 사건 현장의 전체적인 분위기를 눈에 담는 거예요. 다음으로 범행의 흔적을 구석구석 세세한 것까지 살펴봐요. 그러고 나선 다시 고개를 들어 현장을 둘러보고 특징적인 것이 있나 더 관찰해요.

이때 '피해자가 이 시간, 이 장소에 있었던 이유는 뭘까?'를 제일 먼저 생각해요. 이 질문을 가지고 사건 현장을 봐야 범인이 어떤 사람일지 알아낼 수 있거든요. 프로파일러가 현장 관찰을 끝내면 그때 현장 감식팀이 와서 지문이나 DNA, 핏자국, 발자국과 같은 흔적을 조사하죠. 현장 감식은 작은 것 하나라도 놓치지 않아야 하니까 시간이 많이 걸려요.

범죄 현장 조사

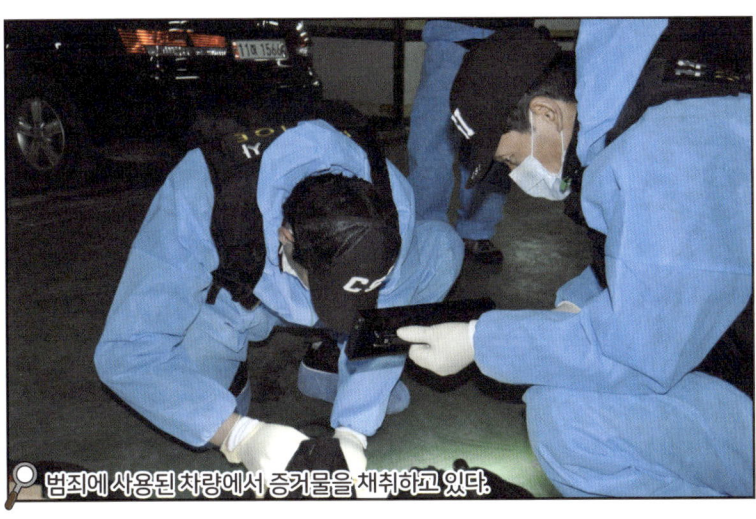

범죄에 사용된 차량에서 증거물을 채취하고 있다.

밤 8시

수사 회의

낮에 사건이 일어나지 않았다면 퇴근해서 가족과 함께 있을 시간이에요. 오늘부터 일주일은 수사에 집중해야 해서 평소처럼 퇴근할 수 없어요. 큰 사건이 일어나면 일주일 동안은 매일 늦은 밤까지 회의하거든요.

수사에 참여한 모든 사람이 모여 그날 진행된 수사 상황을 확인하고 다음 수사 방향을 정해요. 수사 초기에는 회의할 내용이 많아 좀 길어지기도 해요. 사건이 일어나고 첫 일주일은 증거를 모으고 유력한 용의자를 찾는 중요한 시간이니까요.

회의에선 현장 감식팀이 수집한 증거들을 보여주고 감식 결과를 내놓았어요. 우리 프로파일러팀은 현장에서 알아낸 범행 수법이나 장소 특성을 파악해 수사의 방향을 제시하지요. 수사의 핵심은 범인을 찾아내는 거예요.

프로파일러가 하는 가장 중요한 일은 범인일 가능성이 높은 사람을 가려내는 거예요. 그러면 형사들이 그렇게 고른 사람 중에서 범인을 찾아내지요.

밤 10시

보고서 작성

회의가 끝났으니 오늘 있었던 두 가지 일을 기록으로 남길 시간이에요. 먼저 오전에 범인과 인터뷰한 내용을 보고서로 작성해요. 그 일이 끝나면 오늘 일어난 사건에 대한 보고서를 또 작성하지요. 해결되지 않은 사건은 매일 매일 수사의 진행을 기록으로 남겨놓아야 해요.

프로파일러에게 세심하게 관찰하는 일도 중요하지만 관찰 내용을 정리해서 글로 남기는 것도 정말 중요해요. 정리하는 과정에서 사건을 한 번 더 탐구하는데 그럴 때는 공부를 더 해야겠다는 생각이 들어요. 그래서 저는 프로파일러 일이 바쁜데도 대학원에 진학해서 더 배우고 있어요.

밤 12시

드디어 휴식

집으로 돌아오니 가족들이 모두 잠들어 있어요. 범죄 현장을 보거나 범인과 대화하면서 받은 스트레스가 아이들 얼굴을 보면 풀려요. 아이들이 아빠를 자랑스럽게 생각하고 커서 아빠처럼 경찰 제복을 입고 싶다고 할 때는 절로 웃음이 나지요.

하지만 잠자리에 들어도 마음이 편하지는 않아요. 오늘 일어난 사건도 해결해야 하지만, 아침이 되면 또 다른 사건이 일어났을지 모르니까요. 나쁜 사건은 대개 밤이나 새벽에 일어나거든요. 자주 있는 일은 아니지만 한밤중에 전화를 받고 사건 현장으로 달려간 적도 있어요. 그러니 휴대전화를 침대 옆에 두고 잠드는 게 습관이 되었지요.

'피해자가 이 시간,
이 장소에 있었던 이유는 뭘까?'를
제일 먼저 생각해요.
이 질문을 가지고 사건 현장을 봐야
범인이 어떤 사람일지
알아낼 수 있거든요.

6장에서는?

무슨 일이든 힘든 순간이 닥쳐오지요. 씩씩하게 다시 일어나 꾸준히 사건을 해결하려면 프로파일러는 어떤 마음과 태도를 가져야 할까요?

모르는 게 당연하죠!

사람들이 프로파일러는 사람을 척 보면 속마음을 안다고 생각하나 봐요. 전혀 그렇지 않아요. 이제 막 사건 현장에 도착했는데 형사들이 프로파일러에게 "범인이 왜 이런 행동을 한 것 같아?"라고 질문하기도 해요. 이럴 때는 정말 곤란하죠. 한 번 딱 보자마자 바로 범인의 마음이나 행동을 알아챌 수는 없어요. 프로파일러는 신이 아니거든요.

프로파일러가 범인이 누구인지, 어디로 움직이고 있는지 알아내는 건 증거와 정보를 분석하는 과학 수사 덕분이에요. 그러니까 사건이 나자마자 알 수 있는 게 아니라 꼼꼼히 분석해야 하는 거죠.

형사들에게 아직 모르겠다거나 연구할 시간이 더 필요하다고 답하면 실망하는 표정을 짓기도 해요. 처음에는 주변의 기대에 못 미치는 건 아닌지 걱정됐어요. 이것밖에 못 하나 자신을 탓하기도 했고요. 그런데 이제는 차분하게 사건을 해결하려는 마음의 여유를 가지려 스스로 다독여요. 범인도 아닌데 범인의 생각과 행동을 따라가려면 당연히 시간이 필요하죠. 그래도 평소 열심히 탐구해서 그 시간을 줄여나가려 힘을 써요.

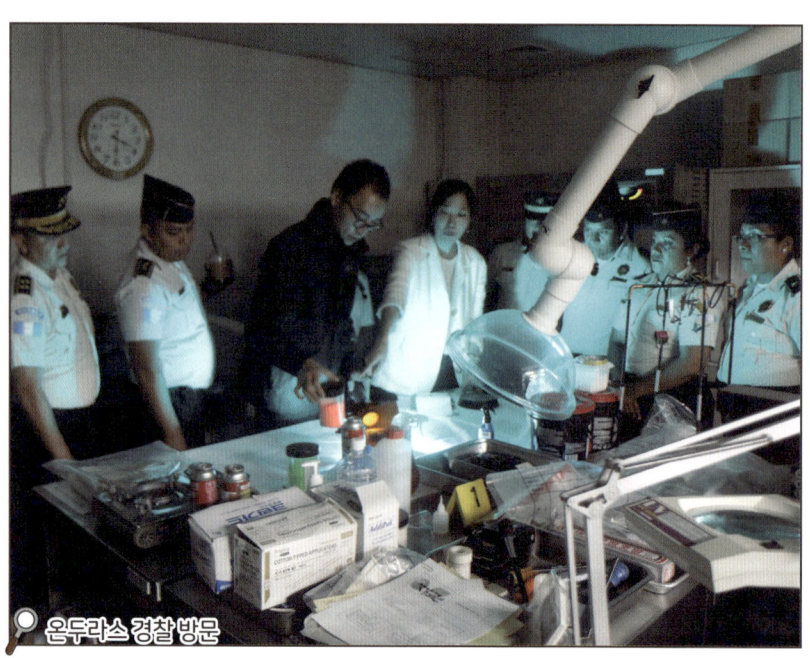
온두라스 경찰 방문

사건 현장에선 냉정한 관찰자로 변신

　범죄 현장은 어두컴컴하고 퀴퀴한 냄새가 나요. 처음 현장에 들어가면 피해자가 겪었을 고통이 전해져서 어지럽고 몸이 비틀거려요. 그럴 때면 마음속으로 피해자의 명복을 빌면서 범인에 대해 알려달라고 조용히 기도하고 눈을 떠요. 이런 의식을 하면 어지러움이 곧 사라지고 차분해지죠. 다시 냉정한 프로파일러의 눈으로 사건 현장을 살펴볼 수 있어요.

　이렇게 되기가 쉽지는 않았어요. 하지만 제가 선택한 일이니 사명감을 가지려 해요. 피해자의 억울함을 풀어주는 길은 범인을 잡는 일이라 생각하면 책임감이 생기면서 현장의 역겨움이나 두려움이 멀어져요.

뻔뻔한 범죄자는 분노 유발자!
넘어가지 말아요!

한 번은 어린아이에게 범죄를 저지른 범인을 면담하고 심리검사를 했어요. 어찌나 화가 나던지 저도 모르게 막 소리를 질렀나 봐요. 옆에 있던 후배가 말려서 침착해지려고 했던 기억이 나네요.

범인을 면담하기 전에 수사 기록을 모두 보고 나면 사람이 어떻게 이런 짓을 저지를 수 있는지 두려울 때도 있어요. 그런데 범인들은 자신의 죄를 인정하지 않고 뻔한 거짓말을 하거든요. 어떻게 화가 안 나겠어요. 그래도 참아야 하는 게 힘들어요.

그럴 때는 우리 사회의 미래를 생각해요. 비슷한 범죄가 일어나지 않도록 예방하려면 범죄자의 마음과 행동을 아는 게 중요해요. 어떤 행동을 할 때 범죄를 저지를지 알면 예방하는 길을 찾을 수 있어요. 그런 생각을 하면 다시 차분해질 수 있어요.

괴물과 싸우려면 자기 마음을 다스릴 줄 알아야 해요

　프로파일러는 사람의 잔인하고 어두운 면을 자주 들여다보기 때문에 마음이 힘들어요. 그래서 자기 마음을 다스릴 줄 알아야 해요. 니체라는 철학자가 "괴물과 싸우는 사람은 그 과정에서 자신마저 괴물이 되지 않도록 주의해야 한다."라고 했거든요.

　프로파일러가 되고 얼마 지나지 않아 연쇄살인 사건이 일어났어요. 끔찍한 사건인데 범인을 모르니 스트레스를 많이 받았죠. 분노와 공포가 한꺼번에 오곤 했어요. 그럴 때 '내가 화가 많이 났구나.', '내가 무서워하고 있구나.' 하고 자신의 마음을 알아차리는 게 중요해요. 감정을 알면 조절할 수 있는 여유가 생기거든요. 감정을 조절한다는 건 억누르는 것과 달라요. 자기감정을 알면 스스로 위로하고 응원하는 마음의 힘을 가질 수 있어요.

　범인을 찾아내려면 '범인이라면 어떤 생각을 하고, 어떤 행동을 할

까?', '어디로 도망칠까?'하는 질문을 많이 하게 돼요. 그러다 보면 마치 스스로 범인이 된 느낌이 들 때도 있어요. 이럴 때 자기 마음을 알아차리는 연습을 많이 한 프로파일러는 다시 정의로운 사람으로 돌아올 수 있지요.

그러니까 자신이 하는 생각, 느끼는 감정을 잘 알고 있는 게 마음의 힘이에요. 너무 어렵다고요? 마음의 힘 기르기도 연습하면 차차 알아가게 되니 걱정하지 말아요.

끈질기게 기억하기도 해결의 힘

힘든 사건을 잘 해결하면 정말 기쁘고 만족스러워요. 하지만 기쁨에 너무 오래 빠져 있으면 좋지 않아요. 쉽게 풀리지 않는 사건도 많으니까요. 범인을 잡지 못하고 마무리된 사건을 미제사건이라고 해요. 형사와 프로파일러를 좌절하게 만드는 사건이죠. 이럴 때는 서두르지 말고 사건의 실마리를 찾으려고 노력하는 것이 중요해요.

과학수사가 발달하면서 미제사건은 줄어들고 있어요. 대신 아주 오래된 미제사건의 범인을 찾아내는 일이 늘어났어요. 실패한 사건도 반드시 범인을 잡을 날이 오니까 사건을 해결하려는 의지를 잃지 않아야겠죠?

🔍 사건은 밤과 낮을 가리지 않는다.

🔍 사건해결을 위해서 한 겨울 개천의 얼음을 깨며 현장수사를 하고 있다.

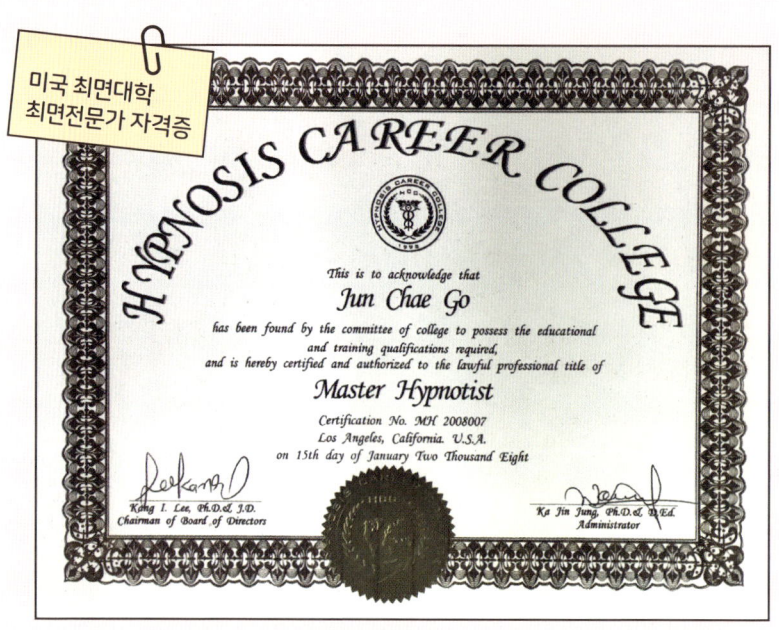

미국 최면대학 최면전문가 자격증

UN교육 수료증

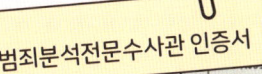

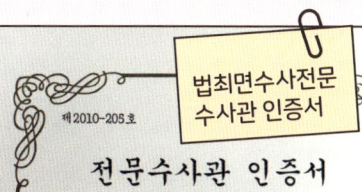

7장에서는?

프로파일러의 꿈을 이룬 고준채 선생님의 이야기를 들어봅니다. 어릴 땐 어떤 아이였는지, 학교생활은 어땠는지, 프로파일러가 되고 나서 포기하고 싶었던 순간은 없었는지 궁금하지 않나요?

행복했던 어린 시절, 갑자기 찾아온 아버지의 죽음

저는 시골에서 태어나 자랐어요. 어릴 때는 도시를 부러워했는데 어른이 되고 보니 자연환경이 무척 아름다운 곳이라는 걸 알게 되었어요. 아버지는 농협에서 일하셨고 어머니는 가정주부셨죠. 초등학교 때는 공부도 잘해서 전교 어린이회장을 했어요. 운동도 잘했는데 특히 수영을 많이 좋아했어요.

그러다 초등학교 5학년 때 아버지가 교통사고로 돌아가셨어요. 그때는 아버지가 안 계신다는 게 어떤 뜻인지 잘 몰랐어요. 그 후 어머니는 자식을 제대로 교육하고 일도 하기 위해 우리 삼남매를 데리고 서울로 이사를 했어요. 어머니가 일하러 가시면 우리 셋이 집에서 시간을 보내는데 많이 외로웠죠. 아직 어린데 갑자기 부모님이 안 계시니까 그랬던 거 같아요.

학교폭력을 보면서 갖게 된 정의감

　전학한 학교는 학교폭력이 꽤 심했어요. 힘센 아이가 약한 친구를 대놓고 괴롭혔어요. 제가 힘이 없어 나서지 못하고 지켜보기만 해서 너무 괴로웠어요. 폭력을 보면서도 외면하기만 하는 제가 바보 같았고요. 그래서 어머니를 졸라 합기도를 배웠지요. 힘을 키우려고요. 그게 중학교 3학년 때였어요.

　고등학교 때는 친구들과 잘 어울려 지냈어요. 공부는 별로 걱정하지 않았더니 성적이 좋지는 않았죠. 어떤 학과를 갈까 고민을 많이 했어요. 그때 마침 지방에 있는 대학교에 경찰행정학과가 막 생겼다는 걸 알았어요. 학과가 마음에 들어 진학하게 되었어요.

군사경찰에서 프로파일러가 되기로 결심

    대학교에 입학하기 전까지 경찰이 되겠다고 생각한 적은 없었어요. 막연하게 경찰이 된다면 프로파일러가 되고 싶다는 마음은 있었죠. 고등학교 때 〈양들의 침묵〉이라는 영화를 보고 프로파일러를 알게 되었거든요.

    국군 시절엔 수도방위사령부에 속한 영창에서 일했어요. 그때 수용자를 상대로 프로파일러 흉내를 냈던 것 같아요. 그 당시 유영철 사건 같은 큰 사건들이 일어났거든요. 2003년은 사건이 제일 많았던 해였는데, 프로파일러 활동을 보면서 '나도 저 일에 관심이 있어. 할 수 있어.' 하고 생각했어요.

    2005년에 경찰청에서 처음으로 프로파일러 특별채용을 한다는 공고가 났어요. 그때 군대의 교육사령부에서 일하고 있었는데 고민 없이 바로 지원을 했죠. 그렇게 해서 우리나라 최초 프로파일러 15명 중 한 명이 되었답니다.

프로파일러를 포기하고 싶었던 순간!

　예전에 경찰청이 저에게 일반 형사 일을 맡긴 적이 있어요. 처음부터 원해서 시작한 일이 아니라서 적응이 어려웠어요.

　프로파일러가 해결되기 어려운 특별한 사건을 집중해서 살핀다면, 형사는 도둑질, 폭력, 살인 등 크고 작은 많은 사건의 범죄자를 매일 잡아 조사해요. 또 프로파일러는 형사가 조사한 자료를 받아 분석하는 일을 하지만, 형사는 수사에 처음부터 참여해서 범인을 잡아 검찰에 넘기는 일을 하고요.

　형사가 되기 위해 경찰청에 들어온 게 아니라서 많이 힘들었어요. 처음 하는 일이라 실수하기도 했죠. 이때 경찰을 그만둘까 심각하게 고민했어요. 그런데 억지로 한 일이었지만 지나고 보니 오히려 도움이 되는 시간이었어요. 범인을 대하는 방식을 배우고 형사의 일을 이해하게 되었으니까요.

1년 후 다시 프로파일러 일을 맡았을 때 형사들의 태도가 달라지더군요. 전에는 프로파일러가 학교에서 공부만 했을 뿐 현장을 모른다며 대놓고 무시하곤 했거든요. 형사들과 말이 통하게 되면서, 서로 존중하고 사건 해결을 위해 협동이 더 잘 되더라고요. 위기가 좋은 기회가 된 거죠.

프로파일러가 할 수 있는 다른 일은?

　프로파일러를 하다 법무부 검찰청, 교정청, 국가정보원 등에서 범죄 행동 분석이나 심리검사 관련 경력직에 뽑히기도 해요. 실무경험을 인정받아 대학교수로 초빙될 수 있고요. 앞으로 민간 조사업 관련법이 통과된다면 사설탐정으로 활동할 수 있어요. 프로파일러 일이 다양해서 진술 분석이나 거짓말 탐지기 검사 같은 일에 집중해서 실력을 쌓으면 정년 퇴직 후에도 계속 일을 할 수 있을 거예요.

　저는 프로파일러로 경찰 생활을 시작했는데요, 마지막에는 경찰 수사 역사에 남는 '대선배'가 되고 싶어요. 형사 경험도 있고, 현재는 법과학 전문가로도 활동하고 있어요. 중앙경찰학교에서 후배들 교육도 하죠. 앞으로는 범죄를 예방하는 시스템이 발달하고 과학수사가 잘 될 거라서 심각한 사건은 자주 일어나지 않을 거라고 기대해요.

　그렇다고 해도 프로파일러가 할 일은 아주 많아요. 과학수사가 발전하지 못했던 과거에 범인을 잡지 못한 사건들이 있거든요. 피해자 가족들은 너무나 억울하고 분한데 범죄자들은 아무렇지도 않게 살아가고 있어요. 정의롭지 않죠. 그래서 저는 모든 경험과 지식을 살려서 미제 사건들을 해결하는 데 힘을 쏟고 싶어요.

8장에서는?

앞에서 미처 소개하지 못한 궁금증을 해결하는 시간! 프로파일러에게 묻고 싶은 10가지 질문을 모아봤어요. 디지털 수사방식이나 해외에서 활동하는 우리나라 프로파일러는 있는지. 아, 얼마나 버는지도 살짝 알려주신대요.

범죄가 일어난 횟수를 알 수 있나요?

인터넷에서 '범죄 시계'를 검색하면 사건이 일어나는 횟수를 알 수 있어요. 경찰청에서 올리는 자료예요. 범죄 시계를 보면 범죄가 몇 초에 한 번 일어나는지 알 수 있지요. 2000년부터 2003년까지 우리나라에서 도둑질은 3분 5초마다 일어났어요. 그런데 2005년부터 2009년까지는 2분 31초로 줄어들었어요. 범죄 시계 속도가 빨라진 거죠. 시간이 줄어든 만큼 우리나라에서 범죄 사건이 자주 일어난 거예요.

골든타임은 무엇인가요?

골든타임은 사건이 일어난 날부터 1주일 동안을 말해요. 요즘은 CCTV와 자동차의 블랙박스 영상으로 범인을 잡는 때가 많아요. CCTV와 블랙박스의 영상은 보통 1주일 간격으로 삭제되거든요. 그래서 일주일 안에 영상을 확인하는 것이 범인을 잡는 데 아주 중요해요. 일주일이 지나도 범인을 잡지 못하면 장기 사건이 될 가능성이 높아요.

디지털 수사방식에 대해 알려주세요.

범인이 삭제한 문자나 사진, 동영상을 되살려서 무엇을 감추려 했는지 알아내요. 범인이 컴퓨터로 한 일을 확인하고 그 내용을 보고서로 만들어요. 이런 디지털 자료는 범인을 잡는 데 큰 도움이 되지요.

디지털 자료를 증거로 인정받으려면 규칙을 잘 지켜야 해요. 가짜 증거를 만들기 쉽기 때문이에요. 그래서 증거를 모으는 과정도 굉장히 중요해요.

프로파일러의 월급은 얼마인가요?

QUESTION 04

프로파일러도 경찰공무원이기 때문에 일반 공무원하고 비슷해요. 첫 월급은 일반 회사에 비해 적은데 직급이 올라갈수록 월급도 올라요. 월급 말고 기본적으로 지급되는 수당과 일에 따라 지급되는 수당이 있지요. 위험한 일을 하거나 업무 시간보다 많이 일할 때, 명절 같은 때도 수당이 지급돼요. 그밖에도 공무원이니까 연금제도와 퇴직금제도가 잘 되어 있답니다.

유명한 프로파일러가 있나요?

로버트 레슬러는 프로파일러 사이에서 아주 유명한 사람이에요. 이분이 처음 '연쇄살인범(serial killer)'이라는 단어를 사용했어요. 그리고 살인범의 마음을 자세히 분석해 범죄자 프로파일링에 큰 역할을 한 분이에요.

존 더글러스도 뛰어난 분이에요. 이분이 개발한 프로파일링 수사기법을 지금 전 세계 경찰이 사용하고 있어요.

QUESTION 06
외국 프로파일러가 더 앞서가나요?

아무래도 프로파일링을 일찍 시작한 미국의 FBI가 가장 앞서가죠. 그런데 국가의 엄청난 지원을 받은 미국이나 머리를 맞대 연구하는 한국이나 일한 결과의 차이가 크지 않아요. 우리나라 경찰청에서 매년 캐나다, 영국, 미국의 프로파일러를 초청해서 국제회의를 열어요. 외국 프로파일러가 더 뛰어날 것 같지만 실제로는 우리와 거의 비슷한 것 같아요. 외국이 좀 더 체계화되어 있긴 해요.

우리나라 프로파일러가 외국에서 활동한 일도 있나요?

2019년 6월에 유명한 여행 작가가 필리핀에서 총에 맞아 숨진 채 발견된 사건이 있었어요. 필리핀 경찰은 사건 소식을 한국 경찰에 알렸죠. 경찰청은 그날 바로 국제범죄 담당 형사와 과학수사요원, 프로파일러로 구성된 공동조사팀을 필리핀에 보냈어요. 현지 경찰과 함께 사망 사건의 용의자를 추적하는 수사를 했죠.

외국에서 우리나라 사람과 관련된 사건이 일어났을 때 프로파일러가 출동하는 일이 점점 늘고 있어요. 또 외국 경찰이 우리의 과학수사와 프로파일링을 배우기 위해 찾아오기도 하고요. 범죄도 국제화되니 프로파일러도 외국 경찰과 협력할 일이 많아지는 것 같아요.

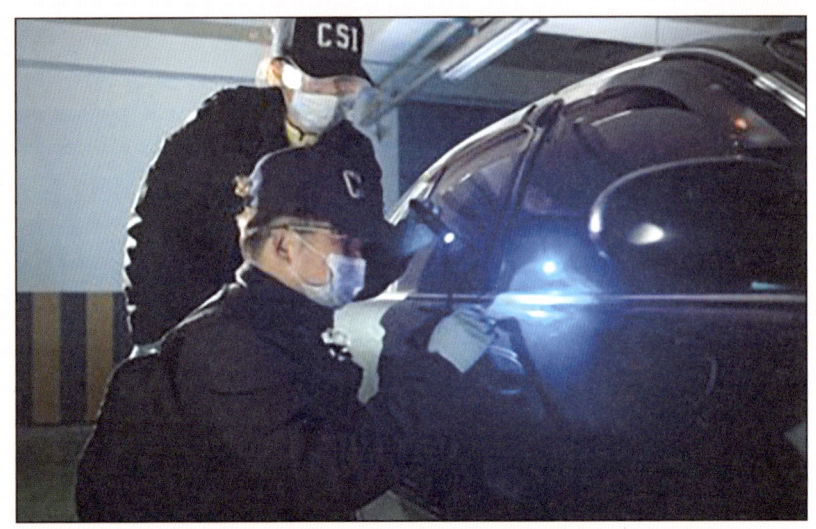
🔍 범죄에 사용된 차량에서 지문을 채취하고 있는 과학수사요원들

🔍 엘리베이터에서 지문을 채취하고 있는 과학수사요원들

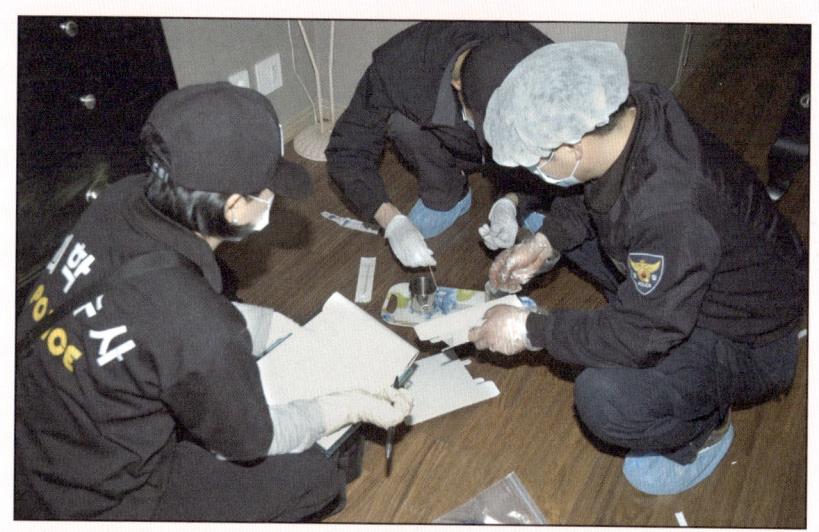
🔍 범죄현장에서 과학수사 요원들이 유전자 분석을 위한 DNA시료를 채취하고 있다.

🔍 사건해결을 위해 현장수사를 하는 과학수사요원들

강력반 형사와 프로파일러는 어떻게 다른가요?

형사는 사건이 일어난 순간부터 초동수사를 시작하죠. 범인을 잡고, 범인이 범죄 사실을 인정하면 검찰에 넘기는 것으로 끝이 나요. 반면에 프로파일러는 형사가 수집한 정보와 과학수사의 결과를 보고 범인일 가능성이 있는 사람들을 가려내서 범인을 잡도록 돕는 일을 해요. 프로파일러가 전달한 수사 방향을 받아들일지 선택은 형사들의 몫이에요.

아직 프로파일러에게는 사건을 지휘하는 수사 권한이 없어요. 가끔 프로파일러와 형사가 이 문제로 갈등하기도 하지만 대체로 합리적인 선택을 해서 범인을 잡는 데 성공하죠. 그러니까 형사와 프로파일러는 협력하는 사람들인 거예요.

범죄 심리학자와 프로파일러의 차이는 무엇인가요?

QUESTION 09

　범죄심리학은 범죄 원인을 찾아내서 예방을 목적으로 하는 학문이에요. 또 범죄자가 죄를 뉘우치고 다시는 범죄를 저지르지 않게 변화하는 방법을 연구하기도 해요. 연구하려면 범죄자가 잡히고 여러 검사와 면담으로 범행 동기나 목적이 밝혀져야 가능해요. 그러니까 범죄심리학은 일어났던 일을 연구해서 앞으로 범죄가 일어나지 않도록 시스템을 만드는 일을 하죠.

　프로파일러는 범죄가 일어난 현장에서 수사하는 일을 해요. 범죄자를 잡기 위해 범죄심리학의 최신 이론의 도움도 받고 과거 사건에서 단서를 얻기도 하죠. 프로파일러가 하는 일 중에 제일 중요한 일은 역시 범인을 잡는 거예요. 사건이 끝나고 프로파일러가 모든 증거와 자료를 문서로 정리하면 그것을 다시 범죄 심리학자가 연구해요. 서로 도움을 주고받지만 하는 일은 달라요.

<셜록>과 <시그널> 중 프로파일러의 현실과 가까운 것은 뭘까요?

QUESTION 10

가족들은 <셜록>을 보면서 재미있고 신선하다고 야단이었어요. 그런데 저는 너무 잘 아는 일이라 그다지 놀랍지도 신기하지도 않았어요. 오히려 현실적이지 않은 내용이 자꾸 눈에 거슬리더라고요. 반면에 드라마 <시그널>은 과거의 형사가 현재의 프로파일러에게 도움을 줘서 사건을 해결하는 재미가 있었어요. 저는 드라마 <시그널> 속에 나오는 무전기가 갖고 싶었어요. 무전기를 통해 과거의 형사와 소통하고 미제 사건 해결의 실마리를 알 수 있다니 정말 꿈같은 일이죠.

디지털 자료를 증거로 인정받으려면
규칙을 잘 지켜야 해요.
가짜 증거를 만들기 쉽기 때문이에요.
그래서 증거를 모으는 과정도
굉장히 중요해요.

한강대교 실종사건

11월 초 어느 날, 자정을 넘긴 시간.
40대 중반의 남성이 차를 운전하다 한강 다리 위에서 콘크리트 보호벽을 들이받는다. 차는 그대로 몇 백 미터를 더 돌진한 후에야 멈춰 선다. 경찰은 사고 접수를 받고 현장에 출동했다. 그런데 사고 당사자인 운전자는 보이지 않는다. 가족들도 계속 연락을 하지만 연결이 안 된다.

운전자는 이대로 실종되었다. 어디로 사라졌을까?
일과 가족밖에 모른다는 성실한 가장이 사고를 내고 도망쳤을까?
막 사업을 시작해 매출을 올리고 있는 그의 돈을 노리고 누군가 납치했을까?
아니면 아무도 알 수 없는 이유로 한강 다리에서 극단적 선택을 한 것일까?
  그는 왜 사라졌을까? 왜?

현장 스케치

사건 현장으로 출동했다. 11월의 매서운 바람이 코트를 파고든다. 실종자를 애타게 기다리는 가족들의 마음처럼 한강변은 쓸쓸하기 짝이 없다.

실종자 정보

이름 홍길동　　**나이** 만 45세　　**직업** 자영업

특이사항

- 가족관계 및 대인관계에 특별한 문제없음
- 사람들과 어울리지 않고 속마음을 좀처럼 이야기하지 않음
- 철두철미하고 꼼꼼한 성격
- 1등이 아니면 아무 소용없다는 등 자신을 혹사하는 스타일

프로파일링

실종자는 사고 당일 정상 퇴근해서 사고 현장까지 자신의 차량을 직접 운전했다. 귀가하던 중 알 수 없는 이유(졸음운전 추정)로 보호벽과 충돌하는 사고를 냈는데 누군가 그를 납치하기에는 장소가 부적절하다. 즉, 납치 가능성은 낮은 것으로 프로파일링 하였다.

상권 분석 전문가에 의하면 실종자가 개업한 마트 주변은 상권이 쇠퇴하여 적자가 예상되는 곳으로 왜 그런 곳에 개업했는지 의아하다고 한다. 실종자는 꿈을 안고 개업했으나 자신의 노력이 물거품 될 것 같

아 절망을 느끼고 극단적 선택을 할 수 있다. 실종 당일 어두운 표정으로 마트에서 퇴근하는 CCTV 속 모습과도 충분히 부합하는 내용이다.

그러나 주변 사람들 진술에 의하면 마트 오픈 후 매출 실적은 예상보다 좋았고 실종자는 피곤해 보였지만 실적이 좋아 늘 밝은 표정이었다. 실종 당일에도 가족들에게 돈을 많이 벌어 맛있는 것도 먹고 여행도 가자고 했단다. 본사의 매출 분석 결과 실제 매출 실적도 좋은 편이다. 사업을 시작한지 일주일 밖에 되지 않았고 꿈에 그리던 자신의 매장을 개업한 상황에서 의도적으로 잠적하거나 극단적 선택을 한다는 것도 부적합하다는 결론을 내린다.

실종자가 개업 후 하루 20시간의 고된 일과로 수면이 부족했고 교통사고 충격 후 섬망(급작스런 외부 충격에 의해 일시적으로 나타나는 정신상태의 혼란)에 의한 집중력과 지각력 장애, 기억장애, 착각, 환각 등의 증상으로 현장을 이탈한 것으로 판단했다.
그렇다면 실종자는 어디로?

도로에서 벗어났거나 2차 교통사고를 당했다면 주변 거주민 또는 경찰 수색에 의해 발견되었을 것이다. 사고 발생 후, 일주일간 발견되지 않은 것으로 보아 한강 실족 가능성이 높은 것으로 프로파일링 하였다. 법의학과 한강보고서에 의하면 익사한 시신이 바로 부상하는 경우는 20~30% 정도에 불과하다. 일반적으로 여름에는 2~3일, 겨울철에는 2개월까지도 소요된다. 실종 당일 날씨는 맑았고 최저기온 -2℃, 최고기온 6℃. 수온은 약 10℃여서 시신이 부상하기까지는 약 2주 이상 걸릴 것으로 예상되었다.

실종지점은 한강과 왕숙천이 합류하는 곳으로 한강하류부터 78km 지점. 수심 3.4m, 평균 유속 0.05m/s이다. 한강에서 실족하였다면 천천히 하류로 떠내려가다가 (팔당댐 방류량에 따라 수량 및 유속의 영향이 있지만) 겨울철에는 10km 떨어진 잠실수중보 강 주변에서 시신이 발견될 가능성이 높다고 프로파일링 하였다.

사건 해결

실종자는 이듬해 봄, 사고가 났던 한강 다리 남단 첫 번째 교각의 수면 위에서 발견되었다. 실종 당시 복장 그대로 지갑 속에 신분증과 현금, 신용카드가 있었고 시체에서도 특별한 외상은 발견되지 않았다. 프로파일링 결과와 같이 섬망에 의한 일시적인 정신착란으로 한강다리에서 실족하여 익사한 것으로 이 사건은 종결되었다.

프로파일링은 막연한 직감으로 하는 것이 아니다. 이번 사건에서 법의학적 지식과 한강 보고서를 활용한 것처럼 논리적인 분석과 다양한 학문, 지식들이 결합되었을 때 완벽한 프로파일링이 될 수 있다.

CHAPTER. 10

나도 프로파일러

■ 아래 프로파일링 보고서의 빈칸을 채워보세요.

여대생 살인사건

소나기가 내린 어느 여름밤, 도시의 주택가 주차장에서 여대생이 시체로 발견되었다. 근처 빌라에 살고 있던 여대생은 키도 크고 얼굴도 예뻐 인기가 많았다고 한다. 즉각 수사팀이 소집되어 수사가 시작되었다.

형사들은 가장 먼저 남자친구를 의심했다. 남자친구는 사건 당일 피해자와 수영장에서 데이트를 하고 지하철역에서 헤어졌다고 한다.

과거 알리바이 확인은 주변 사람들을 찾아가서 탐문수사를 하는 방식이었다면, 지금은 휴대폰 기지국 자료수사와 ☐☐☐☐☐, 차량용 블랙박스를 통해서 쉽고 빠르게 확인할 수 있다.

남자친구의 알리바이는 확인되었다. 수사팀은 주변의 ☐를 확보하여 범행 장면을 확인할 수 있었다.

☐ 속 범인은 여대생이 귀가하기 약 30분 전 현장에 도착해 주변을 서성였다. 담배를 피우거나 휴대폰을 만지작거리며 초조한 모습으로 길을 가는 행인들을 유심히 쳐다보고 있었다.

형사들은 용의자를 피해자의 옛 남자친구 또는 스토커일 거라고 추리하고 계속 수사를 했으나 사건 발생 일주일이 지나도록 용의자를 발견할 수 없었다. 피해자의 남자관계를 통해 사건을 해결할 수 없자 프로파일러에게 사건을 의뢰했다.

사건이 쉽게 해결되면 형사들은 프로파일러를 찾지 않는다. 사건이 어렵게 꼬이고 해결될 기미가 보이지 않을 때 도움을 요청한다. 이미 수사의 골든타임이 지났을 때 프로파일러의 수사는 시작된다.

피해자 정보

이름 김아름(가명)   **나이** 만 20세   **직업** 대학교 2학년 학생
특이사항
- 평범하고 모범적인 성격
- 방학기간 주말 아르바이트를 하고 있었음
- 술을 마시고 다니거나 밤늦게 귀가하는 일이 없었음

프로파일링

일단 피해자와 [   ] 속 범인이 아는 사람인지 모르는 사람인지를 판단하는 것이 중요했다. 수사방향에는 크게 두 가지가 있는데 [   ] 수사와 [   ] 수사로 피해자와 범인의 관계에 따라 수사의 방법이 달라지기 때문이다. [   ] 수사는 주로 피해자의 주변 인물 탐문을 활용하여 범행 동기를 찾는 것이 중요하고 [   ] 수사는 현장 주변의 동종수법의 전과자 수사로 빠른 시간 안에 현장에 있었던 사람들의 자료를 확보하는 것이 중요하다.

의존할 것은 [   ]였다. 2009년 강호순 연쇄살인 사건을 계기로 전국적으로 확대 설치된 [   ]는 형사들에게는 사막의 오아시스와도 같은 것이었다. [   ] 속 범인의 행동 하나하나를 분석하기 시작했다. 분 단위로 시간별 범인의 행동과 이동 동선, 그리고 피해자와 범인이 마주치는 찰나, 그들의 시선까지도 예측하여 프로파일링 하였다.

형사들은 범인이 피해자 주변 남자일 것이라고 굳게 믿고 있었는데 시간이 지나도 사건 해결의 실마리를 찾을 수 없었기 때문에 우리는 그 반대의 증거를 찾고자 노력했다.

☐☐☐☐ 속 범인은 피해자를 기다리기 보다는 개인적인 스트레스로 인해 어딘지 불안하고 초조한 행동을 보였다. 결정적으로 범인은 딱 한 번의 살해 시도만 하고 도주한다. 피해자는 곧바로 쓰러지지 않았고 약 20M를 걸어 집 앞까지 갔다. 대개 ☐☐☐☐ 관계 살인사건에서는 피해자와 범인이 알고 있는 관계이기 때문에 범인은 피해자를 완전 살해하려는 특징이 있다.

　　프로파일링 결과 범인은 피해자와는 모르는 사람으로 불특정 다수를 향해 개인의 분노를 표출하는 수동공격적 성격(직접 대상이 아니라 상대하기 쉽고 약한 대상에게 분노를 전이하는 행동)으로 전형적인 ☐☐☐☐ 범행으로 판단했다.

용의자 단서
우리가 갖고 있는 범인에 대한 정보는 흰색 셔츠를 입은 30~40대 남성으로 국내 S자동차를 운전했다는 것이다. 도로 방범용 ☐☐☐☐ 자료를 검색하여 위와 같은 조건의 사람을 찾으면 되는데 우리나라 대부분의 30~40대 회사원이 여름에는 밝은색 셔츠를 입고 국내 S자동차도 많이 탄다는 것이다.

사건 해결

형사는 ☐를 수백 번 반복하여 보았고 승용차에서 단서를 찾아냈다. 도로 방범용 ☐에서 먼저 밝은 색상의 셔츠를 입은 30~40대 국내 S자동차 운전자를 선별하였고 그 중에서 새로 찾은 단서로 범위를 좁혀 약 10만 건이 넘는 자료 중에 용의 차량을 찾을 수 있었다.

범인은 대출상담사로 실적이 저조하여 직장에서 해고 압박이 심했고 동생에 대한 열등감, 이혼 후 떨어져 살고 있는 딸에 대한 그리움, 자신이 이혼한 것을 모르는 여자 친구와의 관계에 대한 부담감 등으로 스트레스가 극에 달한 상황이었다. 범행 직전 해고 통보를 받아 같이 술 마시며 이야기할 대상을 찾았으나 아무도 없었고 여자 친구에게도 피곤하다는 이유로 거절당해 혼자라는 생각이 들어 극단적 선택을 결심했다고 한다.

그러나 극단적 선택을 할 용기가 생기지 않아 실행하지 못하고 있다가 마침 피해자와 눈이 마주치는 순간 자신을 불쌍하게 보고 있다는 느낌과 함께 '저 사람을 죽이면 나도 어쩔 수 없이 죽을 수 있겠구나'란 생각이 들어 자신도 모르게 피해자를 살해한 것이다.

정답 : CCTV, 면식, 비면식

과학수사견

거짓말 심리분석

　인간은 누구나 거짓말을 한다. 당신의 거짓말 타입 중 셀프모니터링에 대해 자신의 사고방식에 들어맞는다고 생각되는 문항 앞의 박스에 솔직하게 ✔해본다.

셀프모니터링

☐ 잘 모르는 화제라도 적당히 이야기할 수 있다.

☐ 정당한 이유가 있으면 정색한 표정으로 거짓말을 할 수 있다.

☐ 상대방에 따라 다른 사람처럼 행동하는 경우가 있다.

☐ 즐겁지 않은데도 즐거운 척 하는 경우가 있다.

☐ 관심을 끌기 위해 자신의 의견을 바꾸는 경우가 있다.

☐ 자신에게 기대하는 것을 알게 되면 그대로 한다.

☐ 상대방에 따라 자신의 인상을 바꿀 수 있다.

☐ 필요하다면 언제라도 붙임성 있게 대할 수 있다.

☐ 상대방의 눈을 보면 그 사람의 기분을 알 수 있다.
☐ 남의 감정이나 거짓말을 읽어내는 것이 장점이다.

셀프모니터링이란 배우가 무대에서 어떤 배역을 연기하는 듯이 인간관계라는 무대 위에서 자신의 언행을 컨트롤하는 것이다. 이 항목에서 체크한 것이 6개 이상이면 셀프모티터링 경향이 있다. 이 득점이 높은 사람은 자신을 유리하게 만드는 거짓말 연기가 능숙하다. 자신을 좋게 보이게 하기 위한 거짓말이 많지만, 계략을 꾸며서 상대방을 깎아내리려는 악의는 없다. 그런 의미에서는 자기 완결형의 거짓말쟁이라고 할 수 있다.

출처:『거짓말 심리학』시부야 쇼조, 2005(휘닉스미디어)

Kutcher 청소년 우울척도(KADS)

최근 1주 동안, 아래에 나오는 항목들에 대해서 '평균적' 또는 '일반적으로' 어떠했나요?

0 - 거의 그렇지 않다   1 - 상당히 그렇다   2 - 대부분 그렇다   3 - 항상 그렇다

	내용	점수
01	가라앉은 기분, 슬픔, 재미없거나, 우울하거나, 내키지 않거나	
02	무가치감, 절망감, 다른 사람의 기대를 저버린 느낌, 본인이 좋은 사람이 아는 것 같은 느낌	
03	피곤한 느낌, 기운 없음, 힘이 나지 않음, 일을 해결해야 하는 압박감, 쉬거나 눕고 싶다.	
04	인생이 별로 즐겁지 않다는 느낌, 평소(아프기 전) 같았다면 즐거웠을 일에 기분이 좋지 않다. 재밌는 일이 평소(아프기 전)와 같이 즐겁게 느껴지지 않는다.	
05	걱정스럽고, 초조하고, 전전긍긍하며, 긴장되고, 불안하다.	
06	자살 또는 자해에 관한 생각, 계획 또는 행동	

평가   0~5: 아마도 우울하지 않음, 6 이상: 우울증의 가능성 있음

초등학생의 진로와 직업 탐색을 위한 잡프러포즈 시리즈 01
프로파일러는 어때?

2022년 2월 15일 | 초판 1쇄
2024년 5월 27일 | 초판 3쇄

지은이 | 고준채
펴낸이 | 유윤선
펴낸곳 | 토크쇼

편집인 | 신매인 · 유진아 · 김수진
표지디자인 | 이민정
본문디자인 | 김정희
마케팅 | 김민영

출판등록 2016년 7월 21일 제2019-000113호
주소 | 서울시 마포구 월드컵북로98, 2층 202호
전화 | 070-4200-0327
팩스 | 070-7966-9327
전자우편 | myys327@gmail.com
ISBN | 979-11-91299-45-8(73190)
정가 | 13,000원

이 책의 저작권은 저자와 출판사에 있습니다.
서면에 의한 저자와 출판사의 허락 없이 책의 전부 또는
일부 내용을 사용할 수 없습니다.